OPINION
DE M. KORNMANN,

Ancien Magistrat de la Ville de Strasbourg, Représentant de la Commune de Paris, nommé Commissaire-Adjoint pour l'examen de la Question relative au service de la Caisse-d'Escompte,

Prononcée à la Séance du 31 Janvier 1790.

Messieurs,

Comme la Question actuellement soumise à votre examen est, dans la circonstance où nous-nous trouvons, la plus importante que vous puissiez agiter, je sens tout le besoin que j'ai de votre indulgence dans la discussion à laquelle je vais me livrer. Cette indulgence m'est d'autant plus nécessaire, que la matière sur laquelle nous délibérons est très - ingrate par elle - même ; que je ne puis me dissimuler qu'elle heurte, d'une manière sensible, les intérêts de quelques Citoyens qui ont une grande influence sur vos opinions ; & que d'ailleurs, à ces premiers inconvéniens se joint pour moi la difficulté de me faire entendre dans une Langue qui n'est pas celle de ma Province, & que je ne puis prononcer, avec l'accent qui lui est propre.

La sollicitude des Districts sur la situation allarmante où la rareté du numéraire plonge la

A

Capitale a excité bien vivement votre attention; &, si-tôt que cette follicitude vous a été manifeftée, il vous a paru convenable, afin de ne rien décider au hazard, de nommer fix Commiffaires chargés de prendre tous les renfeignemens néceffaires fur les caufes de la rareté d'argent dont on fe plaint, & fur les moyens de la faire ceffer.

J'ai applaudi, comme tous les bons Citoyens, au parti prudent que vous avez pris; &, en même temps, il m'a paru que je concourrois effentiellement à vos vues, fi, dans un ordre de chofes, que je crois connoître, je contribuois, autant qu'il feroit en moi, à augmenter la maffe des notions que vous defirez.

En conféquence, j'ai remis à vos Commiffaires, & répandu dans cette Affemblée, un Ouvrage intéreffant, publié dans le courant du mois de Novembre dernier; c'eft-à-dire à l'époque où l'Affemblée Nationale s'occupoit de trouver un moyen prompt de reftauration pour nos Finances.

Cet Ouvrage contenoit, felon moi, des idées nouvelles, & des principes non encore apperçus fur les Banques, le Commerce & les Finances; & j'ai la fatisfaction de fçavoir, aujourd'hui, que le jugement que j'en ai porté, eft auffi celui qu'en ont porté les premiers Négocians de l'Europe. J'avois donc cru qu'il pouvoit contribuer à diriger nos opinions, & faciliter à vos Commiffaires le travail que vous leur avez prefcrit.

Dans cette idée, j'attendois, avec confiance, le Rapport qu'ils devoient vous faire; mais, ce Rapport ayant été retardé, parce que la maladie du premier Miniftre des Finances n'a pas permis d'en conférer promptement avec lui, & moi-même, d'un autre côté, croyant m'appercevoir qu'on ne saisissoit pas la Question soumise à votre examen, sous son vrai point de vue, j'ai pensé qu'il étoit de mon devoir de faire part à mon District des idées d'après lesquelles j'estimois qu'il falloit la résoudre. J'ai donc fait une *Motion* dans laquelle je me suis attaché à développer, à ma manière, & les causes qui, dans mon opinion, opèrent cette rareté d'argent qui nous est si funeste, & les moyens de la faire cesser actuellement, & de la prévenir, sans retour, pour la suite. Cette *Motion* a été accueillie ; on a desiré que je vous la communiquasse ; vous avez jugé à propos d'ordonner qu'elle seroit remise à vos Commissaires pour vous en être rendu compte, lors de leur Rapport, & vous m'avez, en même temps, adjoint à leur travail. Ayant entendu votre décision, je n'ai rien eu de plus pressé que de passer, le lendemain, chez l'un d'eux pour lui porter ma *Motion*, & conférer avec lui, d'après ma propre expérience, & les longs séjours que j'ai faits dans les principales Villes de Commerce de l'Europe, sur la mission dont il étoit chargé.

Je ne l'ai point rencontré, & j'attendois tranquillement, suivant l'assurance d'un autre Commissaire, qu'on voulût bien me faire connoître le moment où, conformément au vœu de l'Assemblée, je pourrois contribuer, par mes foibles lumières, à vous procurer les instructions les plus complettes sur le parti qui vous reste à prendre.

Il paroît qu'on n'a pas jugé bien nécessaire une discussion avec moi ; car le travail de la Commission a été terminé sans mon concours ;

& ce n'eſt qu'hier ſamedi, à cinq heures du ſoir
ſeulement, que j'ai été invité à en prendre con-
noiſſance.

J'ai la plus haute opinion des perſonnes que
vous avez honorées de votre confiance; & certes,
je ne ſuis nullement tenté d'établir entr'eux &
moi un paralléle, qui ne pourroit que m'être infiniment déſavantageux.

Mais il s'agit ici du bonheur de la Capitale,
de la deſtinée peut-être du Royaume entier; &,
en des circonſtances ſi critiques, ce n'eſt plus
de ſa propre modeſtie, mais de la Vérité toute
ſeule qu'il faut prendre conſeil, quand, en effet,
on croit avoir une vérité importante à propoſer.

Vous venez d'entendre, Meſſieurs, le Rapport de vos Commiſſaires; je ne puis qu'applau-
dir au mode dans lequel ils vous l'ont préſenté.
Mais leurs principes ne ſont pas les miens; &
je ne ſaurois, ſans crainte de trahir vos intérêts,
leur en faire le ſacrifice. Je ne m'arrêterai point
à réfuter leur opinion; je me contenterai de vous
expoſer la mienne. Si j'ai raiſon, ils ſont ſuffi-
ſamment réfutés.

Vous me permettrez donc, Meſſieurs, de revenir ſur les principes de ma Motion qui ſe
trouvent attaqués par le Rapport de vos Commiſſaires, & de donner à ces principes de nou-
veaux développemens.

Elle avoit pour objet, comme vous le ſavez,
de faire connoître toutes les cauſes de la rareté
du Numéraire dans la Capitale, & d'en indiquer,
en même temps, tous les remédes.

La plus frappante de ces cauſes, eſt, à mon
ſens, l'exiſtence de la Caiſſe d'Eſcompte; le plus
efficace des remédes, eſt donc la liquidation de
cette même Caiſſe.

On s'efforce de me contester cette vérité ; il faut, tout de nouveau, que je m'occupe à la démontrer.

Vous devez vous rappeller, Messieurs, que, lors de l'Etablissement de la Caisse d'Escompte, le Public étoit encore tellement effrayé du souvenir des événemens qui avoient accompagné le système de Law, qu'il fut expressémement stipulé : « que, pour que cet Etablissement ne pût » tourner contre la Nation, il demeureroit sans » aucune relation avec le Gouvernement, & que » ses fonctions seroient bornées à escompter le » Papier de commerce, afin de tenir le taux de » l'intérêt de l'argent, dans une proportion avan- » tageuse, & de forcer les Capitalistes à une con- » currence qui, en diminuant le gros intérêt, » rendroit le Numéraire comme plus abondant, » en lui donnant une plus grande activité ».

Il ne me seroit pas bien difficile de prouver que, dès cet cet instant-là même, l'Etablissement de la Caisse étoit vicieux ; que son Papier ne circulant pas, & ne pouvant pas circuler dans les Provinces & dans l'Etranger, il ne tendoit déjà qu'à chasser le Numéraire de la Capitale, & qu'à mettre le change contr'elle, soit dans les Provinces, soit dans les diverses Places de l'Europe.

Mais je n'ai pas le temps de tout éclaircir, & je ne veux pas abuser de vos momens.

La Caisse d'Escompte n'a pas respecté long-temps les principes rigoureux de son institution.

Le Gouvernement a eu des besoins pressans ; il a eu recours aux emprunts. Ces emprunts devenant très-avantageux, par le gros intérêt qu'ils offroient, beaucoup de Négocians étrangers ont fpéculé dans nos fonds publics, & voici ce qui eft arrivé.

Comme la Caiffe efcomptoit toutes les Traites revêtues de bonnes fignatures, au lieu de verfer leur argent dans nos emprunts, les Etrangers, & même nos Capitaliftes de Province, ont envoyé des Traites à leurs Correfpondans à Paris, à trois mois de date, ou à trois ufances, lefquelles ont été échangées contre les Billets de la Caiffe ; &, le Gouvernement recevant ces Billets en paîment dans fes emprunts, ils y ont pris des intérêts fans bourfe délier.

Leurs Traites enfuite venant à écheoir, ce n'eft pas encore de l'argent qu'ils nous ont envoyé ; mais d'autres Traites qui, toujours efcomptées par notre Caiffe, les ont difpenfés, pour s'acquitter envers nous, de détourner les fonds qu'ils faifoient valoir d'un autre côté dans le Commerce.

Cependant, puifqu'ils avoient pris part dans nos emprunts avec notre propre papier échangé contre le leur, il falloit bien leur payer l'intérêt des fommes fictives qu'ils y avoient verfées. Et comment falloit-il les payer ? En numéraire réel, attendû que les Billets de la Caiffe livrés au Tréfor-Royal n'avoient pas cours chez eux ; &, alors, qu'eft-il arrivé ? que le Change fur Paris a pris une grande défaveur, que l'argent s'eft écoulé de la Capitale chez l'Etranger par toutes les routes, & que, plus nous avons augmenté la maffe de nos Emprunts, plus l'Etranger, avec la malheureufe facilité que lui offroit la Caiffe d'Efcompte pour efcompter fes Traites, a pompé notre argent, & a diminué nos véritables reffources.

Il faut que je rende ceci tellement clair, qu'il n'y ait perfonne qui ne puiffe facilement l'entendre.

Je suppose un Emprunt ouvert. Les conditions sont avantageuses pour engager les Maisons de Commerce étrangères à y prendre part. Deux Banquiers d'Amsterdam, que j'appellerai *Pierre* & *Paul*, veulent s'y intéresser pour dix millions, & cependant ne pas débourser un sol. Que font-ils? Ils s'entendent entr'eux de cette sorte.

Pierre a un Correspondant à Paris, que j'appellerai *Jacques*; Paul en a un autre, que j'appellerai *Charles*.

Pierre fournit sur son Correspondant, Jacques, pour cinq millions de Traites; Paul fournit, de son côté, pour la même valeur de cinq millions de Traites sur son Correspondant, Charles. Cette opération faite, Pierre & Paul échangent entre eux leurs Traites; c'est-à-dire que Pierre endosse celles de Paul, & Paul celles de Pierre. Au moyen de cet échange, Pierre envoye les Traites de Paul, endossées par lui, à son Correspondant Jacques, afin qu'il les fasse accepter par Charles, Correspondant de Paul, & Paul envoye les Traites de Pierre, endossées par lui, à son Correspondant Charles, afin qu'il les fasse accepter par Jacques, Correspondant de Pierre.

Voilà donc les Traites de Pierre & de Paul d'Amsterdam, revêtues d'une acceptation de Banquiers de Paris, connus par leur solidité. Les voilà donc propres à être escomptées à la Caisse; &, en effet, elles y sont escomptées ou échangées contre des Billets de Caisse, déduction faite de l'escompte, à raison de quatre pour cent par an; & puis, comme les Billets de Caisse sont reçus au Trésor-Royal, voilà les Lettres-de-Change, ainsi converties en Billets de la Caisse, portées au Trésor-Royal, & reçues pour la valeur de dix millions. Jufqu'à préfent, comme vous pouvez le remarquer, nos deux Banquiers Hollandois n'ont pas verfé un fol dans nos fonds publics.

Cependant l'échéance des Traites de Pierre & de Paul arrive.

S'il n'y avoit point de Caiffe d'Efcompte, ils fe verroient forcés de les réalifer en écus ; mais la Caiffe d'Efcompte fubfifle, & alors, au lieu de les réalifer en écus, que font-ils ? Ils employent le même manége; c'eft-à-dire qu'ils alimentent leurs anciennes Traites par d'autres Traites, également croifées, qu'ils font efcompter à la Caiffe ; & cette opération fe renouvelle ainfi, tous les trois mois.

Mais tout emprunt porte intérêt; &, fi vous fuppofez que l'Emprunt, dont il s'agit ici, donne douze pour cent de profit, il vous faudra payer, tous les ans, aux deux Banquiers Hollandois ce profit de douze pour cent, moins les quatre pour cent d'efcompte, de plus les deux pour cent de commiffion aux deux Banquiers de Paris, pour leur acceptation; c'eft-à-dire fix pour cent. Nos Banquiers étrangers percevront donc pour leurs dix millions en papier, qu'ils n'ont pas réalifés, & qu'ils font les maîtres de ne jamais réalifer, tant que la Caiffe d'Efcompte durera, un bénéfice de fix pour cent ; &, comme il n'y a que des valeurs réelles qui ont cours chez eux, ce fera néceffairement avec nos écus que nous folderons ce bénéfice, lequel fe trouve être de 600,000 liv. par année fur cette opération.

Vous les voyez donc d'ici garder leur argent pour l'employer à la profpérité & aux entreprifes de leur Commerce, &, de plus, foutirer notre numéraire, pour un argent qu'ils nous promettent toujours, & qu'ils ne nous donnent jamais.

Ces combinaifons ont été employées avec beaucoup d'art par les Banquiers étrangers, & fur-tout par les Banquiers Génevois ; & vous devez bien imaginer que, tant que vous aurez une Caiffe, il vous fera toujours impoffible de les empêcher de manœuvrer de cette manière, & que, plus vous emprunterez, moins vous aurez d'argent, quoiqu'au premier coup-d'œil, il femble que les emprunts doivent augmenter la maffe de votre argent; ce qui arriveroit fans doute, fi la Caiffe n'exiftoit pas.

Ici, je ne puis m'empêcher de vous faire remarquer la différence qui fe trouve entre les temps du Syftême de Law, & le temps préfent. Au temps du Syftême, temps au refte qui n'a pas duré, c'étoient particulièrement les François qui jouoient le jeu dangereux de l'Agiot; & fi alors l'argent, par l'abondance du papier, a difparu, ce font les François eux-mêmes qui l'ont envoyé chez l'Etranger, afin de le fouftraire à l'inquifition defpotique qui ordonnoit des punitions contre ceux qui ne le porteroient pas aux Hôtels des Monnoies, à l'effet de l'échanger contre du papier.

Les Joueurs habiles de cette époque, convertiffoient en efpéces réelles, les bénéfices qu'ils avoient faits ; &, l'ordre rétabli, ils ont tout naturellement retiré le numéraire qu'ils avoient mis à l'abri pendant le défordre. Mais il n'en eft pas de même ici : l'agiotage de la Caiffe-d'Efcompte a particulièrement enrichi les Etrangers ; ils ont joué avec nous, fans expofer leur argent ; ils jouent de cette manière depuis plus de dix années; & certes vous ne devez pas vous flatter qu'après vous avoir pris pour dupes si long-temps, ils soient très-empreſſés à vous reſtituer des profits que vous avez eu la bonhomie de leur laiſſer faire.

Je dois vous faire remarquer encore combien l'Adminiſtration s'eſt trompée, quand elle a cru pouvoir arrêter le jeu effrayant de l'agiotage par des Arrêts du Conſeil. Que ſignifioient des Arrêts du Conſeil, quand, d'un autre côté, cette même Adminiſtration autoriſoit ce jeu, en permettant que le numéraire fictif ſe multipliât ſur la place, beaucoup au-delà des beſoins du Commerce? Qui ne voit que, par une conſéquence néceſſaire de cette ſurabondance de papier, le jeu de l'agiotage a dû indiſpenſablement s'accroître, & qu'ainſi néceſſairement ce qu'on vouloit détruire d'une main on l'établiſſoit de l'autre?

Ce n'eſt pas tout, & je continue. Vous venez de voir ce qu'a opéré le papier de la Caiſſe, relativement aux Emprunts; il faudroit voir enſuite ce que la Caiſſe elle-même a opéré en prêtant des ſommes conſidérables au Gouvernement, qui lui en payoit l'intérêt. Comment a-t-elle fourni ces ſommes? Toujours en Billets mis ſur la place. Et ces Billets qu'ont-ils produit? Néceſſairement une plus grande rareté d'argent dans la Capitale; car, encore une fois, comme ils ne circulent pas au-delà de ſes murs, & qu'il faut cependant bien qu'elle paye ſes dettes, c'eſt avec de l'argent qu'elle eſt contrainte de les acquitter, de même que c'eſt avec le papier fabriqué dans ſon ſein qu'on acquitte les créances qu'elle poſſéde; ainſi, la ſortie du numéraire effectif de la Capitale s'eſt trouvé invariablement déterminée, tandis que la rentrée eft devenue, par la pofition des chofes, tout-à-fait impraticable.

Et obfervez la manière dont les Etrangers fe font de nouveau prévalu de ces circonftances. Toujours attentifs à profiter de nos fautes, ils n'ont pas tardé à voir qu'au moyen du jeu de l'agiotage, les profits de la Caiffe d'Efcompte augmentoient, en raifon de la maffe énorme de Lettres-de-change qu'elle efcomptoit; que delà néceffairement les Actions de cette Caiffe acquerreroient une grande valeur, vû que les répartitions des bénéfices, appellées *Dividendes*, devenoient confidérables.

D'après cet apperçu, ils n'ont pas manqué de s'intéreffer dans le jeu des Actions, comme dans les Emprunts; mais ils étoient fans ceffe à l'affût de leur cours, & ils avoient grand foin de les vendre, quand ils remarquoient qu'elles étoient portées à leur plus grande valeur. Dès-lors, tout le profit qui réfultoit tant par le Dividende que par le bénéfice de la revente des Actions, il a bien fallu encore leur en faire le retour en valeurs réelles, ou valeurs autres que les Billets de la Caiffe; ce qui, pour le dire en paffant, a occafionné une nouvelle défaveur pour le Change fur Paris.

Ainfi donc, il me paroît démontré que, plus on multipliera le numéraire fictif de la Caiffe d'Efcompte, & plus on doit s'attendre à voir le numéraire devenir rare dans la Capitale.

D'après cette idée, il eft évident que l'Affemblée Nationale, en confolidant l'Etabliffement de la Caiffe d'Efcompte par un Décret, loin de faciliter la circulation de l'argent dans notre Ville, a, au contraire, contribué à l'en bannir de plus en plus; il eſt encore évident que ſi, à la maſſe énorme de Billets qui exiſte déjà, on en ajoute pour la ſomme de quatre-vingts millions, laquelle, en conformité du Décret, doit être verſée au Tréſor-Royal, infailliblement bientôt on ne trouvera de l'argent à aucun prix; & alors à quoi ne devons-nous pas nous attendre?

C'eſt en vain qu'on objecteroit que la Caiſſe d'Eſcompte s'occupe maintenant à faire fabriquer une grande quantité de matières d'or & d'argent, qu'elle a achetées dans l'Etranger, & qu'elle fait fabriquer, même à perte, pour augmenter la circulation. D'abord, qui ſupportera cette perte? Ne ſera-ce pas, en dernière analyſe, le Public ou la Nation?

Si un écu de ſix livres, revient, par exemple, (par l'achat de la matière chez l'Etranger, la perte ſur le change pour le rembourſement de cette matière, ſon tranſport, frais de fabrication &c.) à ſix livres douze ſols, ces douze ſols de ſurplus à qui ſont-ils payés? n'eſt-ce pas à l'Etranger qui fournit les matières d'or & d'argent, que la balance du Commerce n'a pu nous apporter?

Si votre Correſpondant d'Eſpagne vous envoye pour un million de piaſtres, & que, pour ſon rembourſement ſur Paris, & à cauſe de la grande défaveur du Change, il ſe trouve obligé de tirer un million, quatre-vingts mille livres; ce ne ſera jamais que ſon million de piaſtres que vous fabriquerez, & les quatre-vingts mille livres qu'il tirera de ſurplus, deviendront infailliblement pour vous une perte réelle, qu'aucun bénéfice ne compenſera. D'ailleurs, comment me prouvera-t-on que ces matières d'or & d'argent augmenteront la circulation dans Paris? Songez donc que Paris doit toujours plus qu'on ne lui doit ; &, comme je viens de vous démontrer qu'il ne peut payer qu'en écus , vous voyez bien que tant que vous aurez une quantité énorme de Papier fur la place , tout ce que vous fabriquerez d'efpéces ne fervira qu'à payer vos dettes au-dehors.

C'eft envain qu'on objecteroit, en fecond lieu , que l'Impôt , une fois rétabli , pourra ramener l'argent dans Paris , & qu'il n'y a qu'*à attendre* pour le voir reparoître, ainfi que vous l'obfervent vos Commiffaires. Remarquez que , fous le Miniftère de M. de Calonne , les Impôts étant en pleine perception , on n'en a pas moins été obligé de défendre la fortie des efpéces qui s'écouloient de toutes parts, à mefure que le Papier fe multiplioit ; & puis, obfervez bien ceci, c'eft que , par-tout où il exifte un morceau de Papier , il tient néceffairement la place d'une fomme d'argent égale à fa valeur. Or , vous avez fur la Place de Paris beaucoup plus de Papier qu'il n'en faut pour repréfenter les Denrées & les Marchandifes qui s'y trouvent. Vous n'y avez donc laiffé aucune place pour l'argent ; &, tant que le papier fubfiftera , quoique vous faffiez , il me paroît impoffible que l'argent s'y montre.

C'eft en vain qu'on objecteroit , en troifiéme lieu , ainfi que vos Commiffaires vous le difent encore, qu'on s'épargneroit bien des inconvéniens, bien des convulfions, fi, pour le moment préfent, & parce qu'on ne peut faire mieux, on portoit un Décret qui étendroit la circulation des Billets de Caiffe dans tout le Royaume. D'abord, il s'agiroit de sçavoir si nos Villes de Commerce le souffriroient, je dis le *souffriroient* parce que tout le monde a le droit d'empêcher sa propre ruine. Ensuite, que feriez-vous par cette opération? Vous chasseriez l'argent des Provinces, où il ne circule pas déjà en trop grande abondance, comme vous l'avez chassé de la Capitale, & vous anéantiriez le Commerce d'un seul coup; car, d'après tout ce que je vous ai dit, vous voyez bien que l'Etranger qui auroit besoin d'acheter chez vous, ne vous paieroit jamais qu'avec votre propre papier, & que, lorsqu'il vous faudroit acheter chez lui, ce ne seroit qu'avec des écus que vous n'auriez plus, & que vous ne pourriez vous procurer qu'à des prix exorbitans.

C'est en vain qu'on objecteroit, en quatriéme lieu, que la Caisse d'Escompte a fait ce bien à la France, qu'en multipliant le papier, elle a multiplié les signes représentatifs des denrées & des marchandises; qu'elle en a, conséquemment, haussé la valeur, & que, sous ce point de vue, elle a donc été utile au Commerce & à l'Agriculture, attendû qu'elle a enrichi le Marchand & le Laboureur du surcroît de valeur qu'elle a donné à leur propriété; & que cette considéra-tion doit entrer pour quelque chose, lorsqu'il s'agit d'examiner s'il convient de la détruire.

Messieurs, ce raisonnement qu'on ne cesse de faire, lorsqu'on veut donner du crédit au Papier-Monnoye, est un des plus mauvais raisonnemens économiques qu'on puisse se permettre. D'abord, vous voudrez bien remarquer que votre papier, ne circulant qu'à Paris, n'a pu hausser le prix de toutes choses qu'à Paris; que, de plus, en favorisant l'agiotage & les fortunes rapides, dont il eſt la cauſe, il a détourné des routes du Commerce l'argent néceſſaire à ſes ſpéculations; qu'il a donc conſidérablement diminué dans toute l'étendue de nos Provinces les Entrepriſes de nos Négocians, & que c'eſt-là une des principales cauſes qui fait que la balance générale du Commerce eſt conſtamment contre nous.

Enſuite, je vous ferai obſerver, en ſuppoſant que votre papier eût rehauſſé dans toute la France, le prix des Denrées & des Marchandiſes, que, ſous ce point de vue, il auroit porté un préjudice énorme à votre Induſtrie.

Rapellez-vous ce qui s'eſt paſſé en Eſpagne, à l'époque de la découverte de l'Amérique. L'eſpagne ſe trouva tout-à-coup comme inondée de l'or & de l'argent du Nouveau-Monde; tout-à-coup auſſi, les divers objets de ſon Commerce acquirent une valeur prodigieuſe; mais, que réſulta-t-il de cet accroiſſement de valeur? Que les Nations Etrangères, qui étoient en uſage de ſe pourvoir chez elle, n'étant plus aſſez riches pour acheter dans ſes Ports & dans ſes Atteliers, s'en éloignèrent; qu'elle perdit toute ſon Induſtrie, tandis que celle des autres Nations s'accrut; qu'il ne lui reſta plus que ſon or & ſon argent, avec leſquels, depuis, elle a conſtamment acheté, au-dehors, ce que ſes propres Habitans étoient autrefois en poſſeſſion de lui fournir.

Or, voyez maintenant ce qui vous arrivera, ſi, avec votre papier, vous continuez à hauſſer le prix de toute choſe. Les Etrangers qui trouveront ailleurs, à meilleur compte, ce que vous ne pourrez plus que leur vendre à un prix énorme, ceſſeront infailliblement de fréquenter vos Ports & vos Villes Manufacturières; & votre Induſtrie tombera. D'autre part, l'argent, comme je vous l'ai démontré, devenant infiniment rare chez vous, à cause de ce même papier qui le chasse sans cesse, il vous sera impossible d'acheter dans les Marchés étrangers, les objets que votre Luxe ou votre Commerce vous ont rendus nécessaires; &, tandis qu'il reste au moins à l'Espagne une partie de l'or & de l'argent qu'elle tire de ses Mines, vous n'aurez plus vous, qu'une somme immense de Billets, ou plutôt des chiffons sans valeur, de quelque couleur que vous puissiez les distinguer ; un discrédit général, une pauvreté universelle, & une grande dépopulation succéderont aux jours de vos illusions, & de votre imaginaire prospérité.

C'est en vain, en cinquième lieu, qu'on objecteroit que cependant il existe une Banque en Angleterre, & que l'on convient, assez généralement, que c'est à cette Banque que l'Angleterre doit sa richesse.

Non, ce n'est pas à sa Banque que l'Angleterre doit sa richesse. Ce sont ses Colonies & sur-tout ses Colonies de l'Inde qui, fournissant à son Commerce d'immenses matériaux, la mettent dans le cas de prévaloir dans tous les Marchés du Monde. Il y a long-temps que sa Banque l'auroit ruinée, si, à mesure qu'elle chasse le numéraire de chez elle, son Commerce, toujours alimenté par les causes dont je viens de parler, ne l'y reproduisoit sans cesse. Mais voyez encore quel préjudice lui apporte cette Banque si célébre, puisqu'avec un Commerce double au moins de celui de la Hollande, elle s'est vu forcée d'empêcher la sortie des espéces de chez elle, tandis que la Hollande en fournit

à

à toute l'Europe, fans épuifer jamais fes reffources en ce genre.

Je fais que, pour faire valoir la Banque de
Londres, on cite, avec une efpéce d'emphâfe,
l'autorité d'un grand Ecrivain, M. Schmit, qui, dans
fon Livre fur la *Richeffe des Nations*, s'attache à
prouver l'utilité des Banques. Mais les autorités
ne fignifient rien ici ; ce font les raifonnemens
qu'il faut apprécier, & je défie qu'on trouve
dans M. Schmit un feul raifonnement qui dé-
truife ce que je viens de vous dire ; &, de plus,
s'il faut oppofer autorités à autorités, j'ai pour
moi celle du célèbre Newton qui, chargé, fur la
fin de fa vie, de la refonte des Monnoies en
Angleterre, & appliquant à l'objet dont il s'occupoit, cette fagacité de génie dont la Nature
l'avoit doué, déclara qu'il regardoit comme une
inftitution défaftreufe précifément cette fameufe
Banque, dont nous avons eu le malheur d'imiter
l'Etabliffement. J'ajouterai que l'Ouvrage que j'ai
fait diftribuer ici, égal en profondeur à celui de
Schmit, fur cette matière, porte, jufqu'à l'évi-
dence, ce que Newton n'avoit fait qu'annoncer.

Enfin, c'eft en vain qu'on m'objecteroit que
le moment actuel n'eft pas propre à la liquidation de la Caiffe d'Efcompte. Je vous invite fim-
plement à réfléchir à votre pofition. Ou il vous
faut liquider, le plus-tôt poffible, la Caiffe d'Efcompte, ou bien vous-vous verrez contraints à
demander qu'il foit décrété que fes Billets auront
un cours forcé dans tout le Royaume ; car il
feroit abfurde que Paris fe remplît de papier,
tandis que l'argent feul auroit cours dans les
Provinces. Or, je n'ai pas befoin de vous rappeller que votre Commerce eft perdu ; que votre

B

argent s'écoulera, de plus en plus, dans l'Etranger; que votre ruine eſt certaine, & qu'elle ſera durable, ſi vous prenez ce parti funeſte. De deux choſes l'une : ou la liquidation de la Caiſſe doit ſe faire dans peu; ou bien, en violant la liberté du Négociant, en le plaçant dans une ſituation abſolument défavorable, je dois même dire impoſſible vis-à-vis de l'Etranger, au moyen du Papier que vous le forcez de recevoir, il vous faut anéantir toute votre Induſtrie, & vous attendre aux plus horribles convulſions dans le ſyſtême entier de votre Commerce. Choiſiſſez; & ſongez qu'au moment où je vous parle, vous ne pouvez vous diſpenſer de choiſir.

Ne me dites pas, comme j'ai entendu quelques hommes peu inſtruits l'avancer, que cette liquidation même que je vous propoſe, occaſion‑ neroit une grande commotion dans le Commerce. D'abord je vous répondrai que cette liquidation eſt inévitable; que plus vous la re‑ tarderez, & plus, d'après mes principes, & ſurtout ſi la Caiſſe a inondé la France de ſon Papier, & que chaque Négociant s'en trouve mal‑ heureuſement pourvu, plus, dis‑je, la commo‑ tion, dont vous me parlez, ſera violente, & plus elle deviendra univerſelle & profonde; en‑ ſuite, je ſoutiendrai qu'au fond, cette commotion ne ſera pas auſſi forte qu'on le prétend; qu'il eſt poſſible de prendre des arrangemens pour en di‑ minuer l'effet; que, ſi la liquidation eſt ordonnée avec ſageſſe, tout ce qui en réſultera pour le Public, c'eſt que, s'il y a, par exemple, actuel‑ lement pour cinquante millions de Traites à la Caiſſe d'Eſcompte, les Tireurs de ces Traites ſe verront forcés de les réaliſer en eſpéces; ce qui vous donnera pour cinquante millions de Numéraire non plus fitif, mais très-réel; que, d'un autre côté, quantaux Actionnaires, il n'en résultera encore autre chofe, fi-non qu'après avoir partagé les bénéfices de la Caiffe, ils feront mis au rang des Créanciers de l'Etat, pour ce qu'ils ont prêté au Tréfor-Royal, & payés, en conféquence, à des époques fixes, avec toute l'exactitude qu'on doit attendre d'une Nation qui s'eft rendue garante des Dettes de fon Gouvernement: or je n'imagine pas qu'on puiffe mettre de tels événemens au nombre des événemens malheureux; d'ailleurs, je vous répéte que les chofes en font au point que je crois maintenant ces événemens inévi-tables, & que le moment de la liquidation forcée eft arrivé, quoiqu'on puiffe faire.

Rempli de mes idées, j'aurois encore une infinité de chofes à vous développer, Meffieurs, fur tous les inconvéniens de la Caiffe d'Efcompte, & fur les maux qu'elle a occafionnés, & qui vous paroiffeut fi fenfible aujourd'hui, & cela fingulièrement en facilitant aux Miniftres déprédateurs & dilapidation de nos Finances; mais je fuis obligé de me borner au peu que je viens de vous dire, n'ayant eu qu'une nuit pour raffembler & rédiger, à la hâte, quelques lambeaux jettés fans deffein, & dont j'ai tiré ce que vous venez d'entendre (1). D'un autre côté, vos Commiffaires

---

(1) Ici l'on me permettra de faire obferver à mes Lecteurs, qu'ils ont mon Rapport, tel que je l'ai rédigé dans l'efpéce de tumulte de mes idées, pendant le court efpace que m'a laiffé la circonftance de la lecture du Rapport des autres Commiffaires. Je fçais qu'il y auroit des

ayant eux-mêmes foutenu l'impoffibilité d'avoir recours à quelques reffources minutieufes qui vous ont été propofées, telles que de petits Billets de cent livres & de cinquante livres, je ne dois pas fatiguer votre attention par des répétitions, & abufer, plus long-temps, de l'indulgence avec laquelle vous m'écoutez.

Il me femble, ainfi que je l'ai établi, que la principale caufe de la rareté du Numéraire dans la Capitale, eft l'exiftence de la Caiffe d'Efcompte,

Que, plus on y multipliera le Papier de cette Caiffe, & moins le Numéraire reviendra,

Que fi l'on étend la circulation de ce Papier dans le Royaume, on opérera dans les Provinces la même rareté d'efpéce que dans Paris,

Que cette rareté d'efpéces opérée dans les Provinces, détruira infailliblement le peu de Commerce qui y refte,

Que l'Affemblée Nationale a donc porté un Décret dont les conféquences feront funeftes, en permettant que le Papier de la Caiffe s'accrût de la fomme énorme de 80 millions :

Et, fi j'ai prouvé toutes les conféquences que je raffemble ici, il me femble auffi que j'ai prouvé : qu'il importe que l'Affemblée Nationale, revenant fur fon Décret, prenne à-la-fois en confidération, & la Finance & le Commerce, attendû

---

raifons à ajouter, des raifonnemens foit à étendre, foit même à réduire, mais le refpect que je dois à la Commune, qui a ordonné l'impreffion de ce Rapport, me fait une Loi de préfenter mon travail, avec toutes fes imperfections, fauf, fi l'on cherche à y répondre, à me prévaloir de ce que je n'ai pas eu le temps de détailler, ou fi l'on demande de plus amples éclairciffements, à donner les objets que j'ai omis, comme un fupplément à mes idées.

que l'un eſt l'aliment de l'autre ; & qu'en cher- chant les moyens de liquider la Caiſſe d'Eſcompte, avec le moins de commotion poſſible, elle procure au Gouvernement d'autres reſſources que les ſe- cours dangereux de cette Caiſſe.

Je ne vois plus qu'une Obſervation à faire ſur le reſpect qu'on doit à l'Aſſemblée Nationale; reſpect qui ſemble ne pas permettre de revenir ſur ſes Décrets, & qui doit conſolider celui dont j'ai démontré le vice.

Meſſieurs, perſonne ne reſpecte plus que moi l'Aſſemblée Nationale, parce qu'il faut toujours reſpecter le premier Corps Politique de l'Etat ; mais ce reſpect ne va pas juſqu'à une ſoumiſſion déraiſonnable, attendû que toute ſoumiſſion qui n'eſt pas raiſonnée, prépare ou raméne la Ser- vitude. Ainſi donc, je ne connois pas de manière plus digne & plus convenable de témoigner ſon reſpect à cette auguſte Aſſemblée, qu'en l'éclai- rant.

Vous êtes tous perſuadés, Meſſieurs, que cette Aſſemblée veut la proſpérité, le bonheur de la France; ſi nous lui montrons les moyens de les faire naître, n'en doutez pas, elle s'empreſſera de les adopter.

Il ne me reſte plus, en réſumant toutes les réflexions que je viens d'avoir l'honneur de vous ſoumettre, qu'à vous propoſer un Arrêté, qui vous mette dans le cas d'oppoſer, le plus prompt- tement poſſible, une digue ſalutaire aux progrès du mal dont nous-nous plaignons; & voici ce projet d'Arrêté.

« La Commune de Paris, s'étant occupée des Réclamations des Diſtricts, relativement à la ſituation alarmante dans laquelle la rareté du Numéraire a plongé la Capitale ;

Après avoir oüi le Rapport de fes Commiffaires fur les caufes de cette rareté , & les moyens propres à la faire ceffer ;

Confidérant qu'elle réfulte principalement de l'exiftence de la Caiffe d'Efcompte , & que le feul moyen de ramener le Numéraire eft la liquidation de cette Caiffe ; elle arrête,

1°, Qu'il fera fait une *Adreffe* à l'Affemblée Nationale , pour la fupplier de venir au fecours de la chofe publique , & fur-tout de la Capitale, afin qu'en abrogeant un Décret dont l'expérience, autant que les raifonnemens , lui atteftent les dangereux effets , elle ordonne que la Caiffe d'Efcompte fera inceffamment aftreinte à faire fa liquidation , de la façon la plus convenable au Pouvoir Exécutif & au Public , & la moins onéreufe aux Actionnaires ; que, pour la fuppléer, il fera créé , fur la Caiffe de l'Extraordinaire , un Papier dans lequel le Gouvernement trouvera des reffources , non feulement égales , mais même plus faciles , plus avantageufes & plus abondantes que celles qu'il pouvoit tirer de la Caiffe-d'Efcompte , lequel Papier porteroit l'intérêt légal au profit du Propriétaire ; & , au moyen d'une hypothéque certaine , acquereroit promptement une faveur fingulière & conftante ;

2° Qu'il fera fait , en conféquence , une feconde *Adreffe* au Roi , dans laquelle les divers motifs de bien public & d'utilité générale , feront expofés avec précifion , & Sa Majefté refpectueufement fuppliée d'ordonner à fes Miniftres de fe concerter avec l'Affemblé Nationale , afin

de concourir à une opération auſſi eſſentielle ,
& auſſi néceſſaire dans les circonſtances;

Et 3° que le préſent Arrêté ſera communiqué
à toutes les Chambres du Commerce , à toutes
les Municipalités du Royaume & à tous les Diſtricts de la Capitale.

De l'Imprimerie de LOTTIN *l'aîné* & LOTTIN *de*
S.-Germain, Imprimeurs-Libraires Ordinaires de la
Ville, rue S.-André-des-Arcs, (N°27) *Fév.* 1790.